Félix-Pierre Fornas

Eglises Romanes de Basse-Auvergne

Les Editions de la Taillanderie

Collection dirigée par : **Gérald GAMBIER**
Secrétariat de rédaction : **Martine LONVIS**
Mise en page : **Patricia BRUN - Isabelle THENOT**
Correctrice : **Laurence ALVES**

PHOTOGRAPHIES

Gérald GAMBIER

Photo de couverture : Eglise de Saint-Saturnin

COLLECTION «MULTIPLE»

Les cheminées sarrasines. Ghislaine Dulier
Lamartine, poèmes du terroir et du coeur. Emile Magnien
Les grottes d'Azé. Maurice Bonnefoy
Paray-le-Monial. Luc Hopneau (2 langues)
Traboules et miraboules. Louis Jacquemin (4 langues)
Châtillon-sur-Chalaronne. Ouvrage collectif
Les apothicaireries de Bresse et Dombes. Ouvrage collectif
Découverte de Lyon. Louis Jacquemin (6 langues)
Les madones de Lyon. Marie Gouttard
Les moulins du Morvan. Ph Landry, Ph Berte Langereau
Les apothicaireries de Bourgogne. M.T. Girardi
A la rencontre de Guignol. Louis Jacquemin
Faune de Dombes. Yves Thonnérieux
La pêche des étangs. Yves Thonnérieux
La flore des étangs. A.C. Bolomier
Les églises romanes du Brionnais. Henri Nicolas (3 langues)
Les églises romanes du Forez. Louis Jacquemin
Historial du Saint Curé d'Ars

8, rue du 4 septembre
01009 Bourg-en-Bresse

ISBN 2-87629-144-4
ISSN 1148-5337

L'Auvergne : des plaines fertiles et des volcans, saupoudrés de nombreuses églises romanes.

«Au début des temps, Dieu créa l'Auvergne. Et puis, plus rien, plus rien... Et puis tout le reste du monde.»

Cette affirmation pseudo-historique de supériorité court la région et fait peut-être allusion à l'antériorité de son massif hercynien primaire ou à celle du peuple Arverne qui a occupé la contrée dès le VIe siècle avant notre ère, puis devint le maître de toute la Gaule, Vercingétorix étant le premier symbole national de la résistance à l'envahisseur.

Il me faut lever une ambiguïté de langage. La Basse-Auvergne territoriale recouvre - en gros - le département du Puy-de-Dôme, c'est-à-dire non seulement la plaine, la Limagne, riche de ses terres céréalières, mais les monts Dores et Dômes, riches de leurs volcans, de leurs lacs, de leurs cascades.

Mais, partout, la Basse-Auvergne est riche de la pléiade de ses églises romanes. L'art roman semble avoir trouvé là l'une de ses plus nobles inspirations. Clermont-Ferrand est le centre, à quelque trente kilomètres à la ronde, d'un groupement d'édifices dont on ne trouve d'égal en France qu'en Saintonge ou en Bourgogne. Ces églises ont toutes un air de famille, singulièrement les cinq plus grandes et belles, bâties sur le même plan : Notre-Dame du Port à Clermont-Ferrand, Issoire, Saint-Nectaire, Orcival,

Saint-Saturnin, mais aussi beaucoup d'autres qui les approchent par leurs qualités. Le style roman a produit là des chefs-d'oeuvre d'équilibre et d'élégance.

Dès les environs de l'an mille, l'Auvergne était en possession de cet admirable plan de sanctuaire - la crypte de la première cathédrale de Clermont, consacrée en 946, nous en donne la preuve.

D'autre part, un foyer spirituel et artistique se développe dès le XIe siècle à la Chaise-Dieu. Il aura une influence considérable. N'oublions pas que l'Auvergne a donné à Cluny deux de ses plus illustres abbés : Odilon de Mercoeur et Pierre le Vénérable, émule de saint Bernard.

L'examen des églises auvergnates laisse à penser que l'art roman s'y développa assez tard. Peu de documents permettent de les dater sinon une lettre de l'évêque de Clermont réclamant, en 1185, des subsides pour la construction de Notre-Dame du Port. Par contre, cet art y fit fortune et s'y conserva longtemps, sourd aux sirènes gothiques.

L'art roman ne parle jamais seulement le langage de la terre. Pour le regarder, il est bon de faire silence. Mais ensuite, on le découvre dans sa plénitude.

C'est ce à quoi je vous convie.

L'église de Thuret, admirablement mise en valeur dans le village.

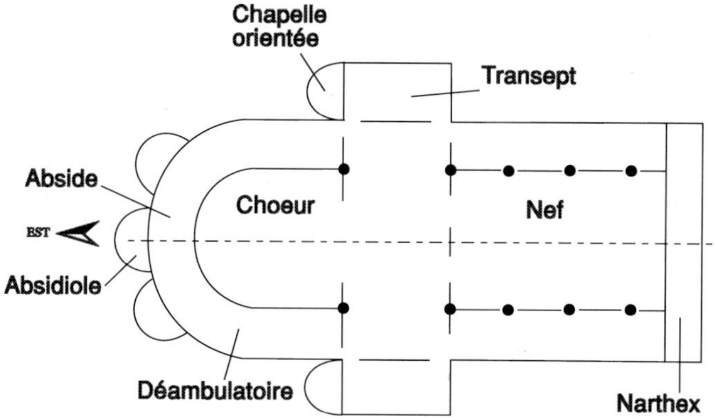

L'ARCHITECTURE EN BASSE-AUVERGNE

Les membres de cette famille auvergnate sont tellement ressemblants, qu'il est nécessaire - sous peine de redites - d'en dégager les caractères généraux.

Cinq églises, les plus grandes, les plus belles ai-je dit, posent dans l'histoire de l'Art une énigme, offrant un visage presque identique, aux rares différences, issues de l'ampleur, du rapport des volumes. «*Comment a-t-on pu réussir tant de fois et avec le même bonheur ces modulations sur un thème unique*», se demande le chanoine Craplet. Est-ce parce qu'une église romane auvergnate monte, se déploie, se répète comme une fugue de J.S. Bach, ou est-ce que l'utilisation du nombre d'Or a donné un certain cadre à l'architecture? Sans doute, mais sans conduire à l'immobilisme et à la sclérose.

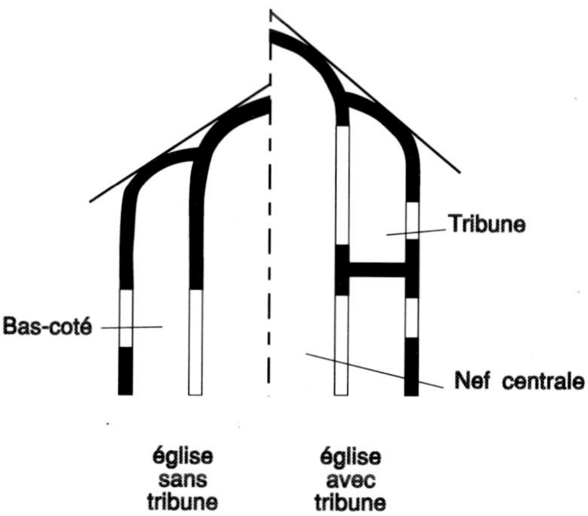

Quels sont donc ces caractères?

Si le plan est celui de la plupart des écoles romanes (voir le croquis) - (nef centrale avec collatéraux, déambulatoire et chapelles rayonnantes pour les plus grandes, voûte centrale en plein cintre)-, même le profane sera émerveillé, à l'extérieur déjà, par le remarquable étagement des masses architecturales, les formes pures, la proportion des volumes des chevets, construits, assure G. Duby, comme plus tard les musiciens composeront motets et fugues.

Une surprise : le clocher, octogonal, à deux rangées de baies, repose sur un massif énorme propre aux églises auvergnates, rectangulaire, d'où son nom : le massif barlong. En dessous, en cascade

A Issoire, la galerie sur grandes arcades et les arcs diaphragmes concourent à la beauté architecturale.

Le narthex est une structure d'accueil. A l'intérieur, il est souvent surmonté par d'élégantes ouvertures comme ici, à Ennezat.

Le massif barlong s'interpose en Auvergne entre le clocher et le carré du transept comme celui, typique, de Chauriat.

sur plusieurs étages l'arrondi formé par l'avancée du choeur, puis le demi-cercle moins élevé du déambulatoire et, enfin, la couronne des absidioles, satellites autour de l'abside. Savez-vous que les absidioles sont en nombre pair dans les églises consacrées à Marie, et en nombre impair dans les autres, la chapelle axiale lui étant alors dédiée?

Le chevet est une vision dense, unique, qui élève le regard, sans heurt, vers le clocher. L'intérieur ne le cède en rien : quelle perspective du fond de la nef jusqu'au choeur! A l'entrée, dans les grandes églises, un narthex, surmonté d'une tribune, accueille les fidèles.

Une solution ingénieuse, pour l'équilibre, a été trouvée : au-dessus des bas-côtés, des tribunes voûtées en demi-berceau assurent un contre-butement efficace au berceau central (voir croquis). Mais subsiste un inconvénient : contrairement à la Bourgogne, la nef centrale n'est éclairée qu'indirectement, par les bas-côtés.

Avançons un peu pour découvrir le secret du massif barlong : la croisée du transept est, elle aussi, contre-butée de part et d'autre par le quart de cercle que décrivent les voûtes hautes. C'est cet ensemble que coiffe le massif barlong, dont l'esthétique est discutable à l'extérieur mais qui conduit, à l'intérieur, à ces magnifiques arcs diaphragmes percés de baies, jumelées par deux ou par trois.

Autre particularité : au fond des bras du transept, trois arcs, dont un mitré - symboles de la Trinité?

Il faudrait s'asseoir un long moment pour se laisser pénétrer de la beauté du choeur, entouré d'élégantes colonnettes (souvent huit) séparées par des arcs surhaussés.

A force d'arcs, de voûtes, de coupoles, les moines-architectes entendaient figurer une certaine image du Paradis, où tout ne peut être que rondeur.

De nombreuses églises romanes participent à cette ceinture d'art autour de Clermont. Amis lecteurs, amusez-vous - car c'est un jeu, mais combien culturel - à retrouver dans chacune d'elles, tout ou partie de ces caractéristiques.

Dès l'entrée, la vue se porte sur le choeur entouré de fines colonnes aux arcs surhaussés. Ici, Notre-Dame du Port à Clermont.

Issoire : les façades ouest sont exposées aux vents dominants qui amènent la pluie : elles sont nues.

TRAITS COMMUNS DE LA SCULPTURE ET DE LA DÉCORATION

A l'extérieur, si la façade principale, exposée aux vents d'Ouest, frappe par la pauvreté de son décor, par contre transept et chevet sont magnifiquement traités.

L'Auvergne, parcourue par l'un des chemins de Compostelle, a bénéficié de l'apport et de l'emprise de l'art arabe d'où cet appareil de couleur dessinant rosaces, étoiles, figures géométriques, marqueterie de pierres alternées noires et blanches, de grès rouges et bruns, de scories volcaniques d'un puissant effet décoratif, complété par un cordon de billettes. Les modillons à copeaux et, à l'intérieur, les arcs polylobés des tribunes, rappellent ceux de la grande mosquée de Cordoue. Quant à la sculpture, elle est surtout riche de ses chapiteaux, à la taille plus rude qu'ailleurs, à cause de la pierre plus difficile à travailler.

L'influence arabe s'est faite sentir jusqu'en Auvergne, comme ici, les arcs polylobes de la galerie d'Issoire.

Si les chapiteaux à feuillages d'acanthe romains sont nombreux dans les nefs, le choeur est le lieu privilégié, dans les grandes églises à déambulatoire, des chapiteaux historiés, où l'on notera une recherche très marquée du pittoresque, de l'expression, des gestes et attitudes de chaque jour. L'art roman est à la mesure de l'homme, ici peut-être plus qu'ailleurs.

Quelques thèmes iconographiques ont connu, en Auvergne, une vogue particulière :

- scènes empruntées à l'Evangile, à la vie du Christ;
- thèmes moraux et condamnation des vices (l'avarice en bonne place, la luxure);
- animaux étranges : aigles ou centaures, griffons, issus des bestiaires fabuleux venant de l'Orient;
- diables : ils sont terribles et reflètent la crainte de l'enfer, si vive au Moyen-Age.

Nous verrons aussi que le symbolisme est souvent présent mais plus difficile à déceler.

Dans tous les cas, ces sculptures représentent bien «L'Evangile de la pierre».

Mais le bois aussi a reçu sa plus belle expression quand les sculpteurs en ont fait ces merveilleuses Vierges romanes.

1

2

1. Une autre influence de cette même civilisation de Cordoue : la marqueterie d'appareil, décoration d'éléments géométriques, à Chauriat.

2. Modillons à copeaux, bandes de billettes, sont encore de même provenance (Issoire).

3. La sculpture romane intègre les animaux mythologiques : ici, un centaure à Besse-en-Chandesse.

3

Les Vierges de Majesté de L'Auvergne romane

Pour l'homme roman, l'art est à l'image de sa foi. La statuaire romane participe à cette expression de l'art avec le type de Vierge en Majesté.

Marie, assise sur un trône, hératique, porte sur ses genoux l'Enfant-Jésus, qui, en général, bénit d'une main et de l'autre tient le livre de la Loi : c'est une Vierge de Majesté, dans sa longue tunique aux plis ciselés dans le bois.

Le Christ figure plus comme un adulte plutôt qu'un enfant.

L'Auvergne est la région possédant le plus de Vierges en Majesté. Elles ont été peintes, marouflées ou recouvertes de lames d'argent.

Sont-elles nées là? On sait que la Vierge, sculptée par l'orfèvre Aleaume et placée dans la cathédrale de Clermont vers 950, servit de modèle (elle disparut à la Révolution).

Dans le choeur de l'église, la Vierge romane de Chauriat.

Un atelier travaille dans cette région : Notre-Dame d'Orcival en est sans doute issue.

Mais le fait le plus mystérieux est que le visage de la Mère et de son Enfant sont souvent teintés de noir. On ne peut que citer les principales hypothèses :

- les croisés établis en Orient avaient vu des icônes byzantines où la Vierge est représentée en noir, bistre ou brun foncé et auraient rapporté des statues;

- ces statues seraient l'illustration du cantique des cantiques : «Je suis noire, mais je suis belle, ô filles de Jérusalem»;

- ces statues seraient noires pour rappeler le teint bronzé des femmes de Palestine;

- Pour le chanoine Craplet, *«il n'y a pas de vierges noires, il n'y a que des statues romanes de Majesté, peintes par la suite en noir, à l'image de celle de Marsat, de la 2e moitié du XIIe siècle, peinte de dorée vers 1830»*. Mais pourquoi?

Beaucoup d'historiens penchent pour une descendance de cultes antiques, en particulier le culte de la femme, depuis Isis - divinité égyptienne noire - en passant par les déesses : mères celtiques, déesses de la fécondité. Les premiers prédicateurs de l'Evangile ont préféré ne pas détruire les images précédentes, mais de les vouer au culte nouveau. C'est un aspect du syncrétisme, c'est-à-dire de la tendance à perpétuer un rituel au-delà des différences des traditions religieuses.

Bien à l'abri dans sa crypte, Notre-Dame du Port à Clermont.

Cathédrale de Clermont-Ferrand Notre-Dame de la Bonne Mort.

Notre-Dame de Marsat. Le plus vieux sanctuaire marial de France depuis le IVe s.

Contemporaine de l'église, Notre-Dame d'Orcival est la plus vénérée des Vierges en majesté.

A tout cela, il faut ajouter que certaines Vierges ont subi un noircissement accidentel dû à une action chimique, par exemple l'oxydation des lamelles d'argent de la Vierge d'Orcival (que des restaurations ont fait disparaître); sans oublier parfois la fumée des cierges!

Mais ces Vierges sont avant tout femmes et Mères de Dieu et, selon A. Malraux, «*elles sont la transcendance de l'humilité*».

L'étagement des chapelles rayonnantes et de l'abside de Notre-Dame du Port, permet, dès l'extérieur, de comprendre le plan du choeur et du déambulatoire. Le chevet est l'un des éléments les plus caractéristiques de la structure romane.

Le clocheton du narthex.

Tympan du portail sud.

Notre-Dame du Port

Si les flèches de la cathédrale gothique pointent dans le ciel, il faut chercher Notre-Dame du Port, dissimulée au milieu des maisons. La rue montante du Port, très animée, permet de l'apercevoir et on manque de recul pour profiter au maximum du chevet, où quatre chapelles s'adossent au mur du déambulatoire; corniches et frontons sont très décorés : damiers rappelant l'art arabe et, à l'étage du choeur, une double rangée de rosaces étoilées.

Une première église fondée au VIe siècle par saint Avit, évêque de Clermont, en un lieu appelé le Port, fut détruite par les Normands au milieu du IXe siècle. On ne sait rien de précis sur la construction du sanctuaire actuel sinon qu'elle s'est échelonnée de la première moitié du XIIe siècle jusqu'au XIIIe siècle, en utilisant des moellons d'arkose, de couleur chaude. Les clochers, détruits à la Révolution, ont été recontruits en 1823 et 1843.

Le portail sud possède l'un des rares tympans auvergnats, d'ailleurs assez mutilé. On reconnaît :

- au linteau, l'Adoration des Mages, la Présentation au temple et le baptême du Christ;

- au tympan, le Christ en Majesté, entouré du Tétramorphe et flanqué de deux grands séraphins.

Dès l'entrée, la beauté de l'architecture et la pureté des lignes s'affirment avec les hauts piliers; on est séduit par cette atmosphère de recueillement, par cette construction à la fois humble et combien élégante, dans les baies trilobées des tribunes.

Quatre piliers carrés, cantonnés de colonnes engagées, limitent la croisée et c'est vers le choeur que se portent maintenant les regards, vers ce foisonnement de frêles colonnes, la multiplicité des fenêtres. Quelle étonnante grandeur conférée à ce choeur par le seul jeu des proportions!

Sur quatre des huit colonnes qui limitent le sanctuaire, se trouve l'un des plus beaux ensembles de la sculpture auvergnate et, fait rare, signé. On peut lire sur l'un d'eux : «*Rotbertus me fecit*» - Robert m'a fait. Les chapiteaux sont placés assez haut mais une minuterie les éclaire.

La nef romane qui conduit au choeur.

Les colonnes du choeur.

Le plan ci-joint permet de les repérer. Quel mouvement, quelle verve! Une innovation : des personnages occupent les angles de la corbeille dans des positions contournées. Les scènes sont vivantes et l'humour n'est pas exclu :

- sur le chapiteau du péché originel, Eve, après avoir servi Adam, tend un fruit au serpent, comme pour lui dire : *«Tu nous as fait pécher, il est juste que tu sois aussi puni»*. Ce sera très visible aussi à Thuret;

- sur ce même chapiteau, Adam n'est pas content; il tire les cheveux d'Eve et lui donne un coup de pied. Voilà la première querelle de ménage de l'humanité!

- sur le chapiteau du doute de Joseph, l'ange l'empoigne par la barbe pour le tirer de sa rêverie.

(A) Vertus et Vices
1 - Présentation d'un chapiteau
2 - Combat Vices - Vertus
3 - La colère se suicide
4 - Largesse et Charité piétinent les Vices

(B) L'obéissance de Marie
1 - Annonciation
2 - Visitation
3 - Un ange annonce à Zacharie la naissance de Jean-Baptiste
4 - Le doute de Joseph

(C) La désobéissance d'Eve
1 - Le paradis terrestre
2 - Le péché originel
3 - 4 - Dieu chasse Adam et Eve

(D) Glorification de Marie
1 - Un ange présente le livre de vie
2 - Assomption
3 - Un ange tient l'oriflamme de la Résurrection
4 - Un ange ouvre les portes du Paradis

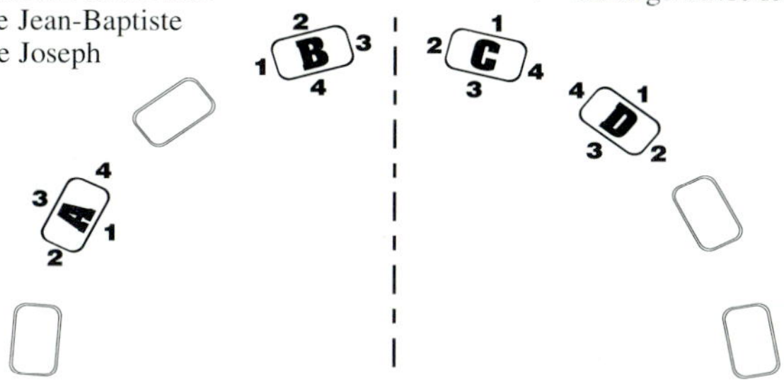

L'Assomption de Notre-Dame.

Un groupe de chapiteaux demande un commentaire spécial, ceux du repère A. Le combat des Vices et des Vertus est un thème inspiré d'un poète latin du Ve siècle, Prudence : les Vertus armées et casquées y terrassent les Vices. C'est un thème souvent représenté sur les voussures de Saintonge; en Auvergne, il est rare.

Mais le fait le plus marquant, c'est le symbolisme qui se dégage de l'ensemble, bien mis en lumière par le chanoine Craplet. Vous reconnaîtrez aisément ce programme iconographique : le rôle de la femme dans le plan du Salut; après la faute d'Eve, le rachat par la Vierge, celle par qui la Rédemption a été possible.

« Une femme refera ce qu'une femme défit», disait le Moyen-Age.

Dans la crypte, la Souterraine selon l'appellation locale, on vénère Notre-Dame du Port, Vierge noire, copie d'une statue plus ancienne, peut-être d'une icône byzantine.

La désobéissance d'Eve et le péché originel.

Clocher auvergnat, massif barlong, rangées d'arcatures et fenêtres en harmonie totale.

Issoire

Selon Grégoire de Tours, la première église d'Issoire remonterait à la fin du IIIe siècle. Austremoine, l'apôtre de l'Auvergne aurait fondé là un monastère. Il a, en tout cas, donné son nom à l'édifice actuel, du deuxième tiers du XIIe siècle.

Il faut arriver par le boulevard extérieur; sur l'esplanade se dresse le plus majestueux chevet de l'Auvergne, d'une magnifique ordonnance : chacune des parties constitutives apparaît avec une clarté admirable dans l'harmonie des proportions et de cet étagement savant, imbrication des divers éléments se haussant par degrés jusqu'à la tour centrale. La vue est conduite dans une sorte d'ascension dont «chaque degré de pierre est mesure de l'espace», suivant l'heureuse formule d'H. Focillon.

L'austérité du massif barlong est atténuée par une rangée complète d'arcatures et de fenêtres. Mais on sera frappé par l'abondance du décor, essentiellement géométrique : mosaïque de triangles, rosaces polychromes alternant pierres volcaniques et marbre blanc, se découpant sur l'arkose blonde. Ce décor envahit le massif barlong, les absidioles, l'avancée du choeur, où il est complété par des groupes de trois colonnettes, voisinant avec les cintres des fenêtres du choeur.

La présence des douze signes du zodiaque, répartis tout au long des chapelles absidiales est un motif rare en ce lieu. Il s'échelonne de gauche à droite, du Bélier aux poissons. L'Univers, l'harmonie des astres, la marche des saisons sont oeuvres divines : ce zodiaque en est le symbole.

Chef-d'oeuvre exceptionnel que le zodiaque d'Issoire qui commence, comme l'année auvergnate au Moyen-Age, par le Bélier au mois de mars. Le Bélier a été refait en 1891 et d'autres le seront en 1994.

Les grandes arcades des faces latérales, surmontées d'une série de colonnettes, correspondent aux deux niveaux de l'intérieur - bas-côtés et tribunes. Ce sont les fenêtres, insérées dans les arcades, qui éclairent l'édifice. Sur la façade nord, deux petits bas-reliefs évoquent la vie d'Abraham et la multiplication des pains.

Dès l'entrée, on peut être étonné et même choqué par les restaurations du XIXe siècle qui ont rétabli la polychromie, d'ailleurs en vigueur au Moyen-Age! Mais, en même temps, les vastes dimensions de l'église se perçoivent mieux de l'intérieur, donnant une impression d'ampleur calme et majestueuse; c'est la plus vaste de la Basse-Auvergne : 65 mètres de longueur, 18,8 mètres sous la voûte centrale, légèrement brisée, ce qui constitue ici un cas unique; sept travées, donc, qui conduisent longuement et harmonieusement vers la croisée du transept, dans la diversité des arcatures des tribunes, simples ou trilobées.

Là, il faut lever la tête, car la coupole est à 23 mètres de hauteur et, de part et d'autre, les arcs-diaphragmes assurent un superbe effet de grandeur et d'élégance, peut-être plus sensible ici qu'ailleurs.

C'est en parcourant le déambulatoire que l'on peut se pénétrer de la beauté des chapiteaux (voir le plan) qui gardent tout leur intérêt malgré d'importantes restaurations. Dans le choeur, quatre colonnes ont des chapiteaux historiés et traitent du cycle liturgique de Pâques, avec toute la truculence, la naïveté et la foi de cette période du Moyen-Age. Certains sont devenus célèbres :

- la tristesse des Apôtres, trois sur chaque face à pleurer la mort du Christ dans l'attitude conventionnelle de la douleur;

L'abside rénovée détache avec élégance la mosaïque de ses décors sur l'arkose blonde.

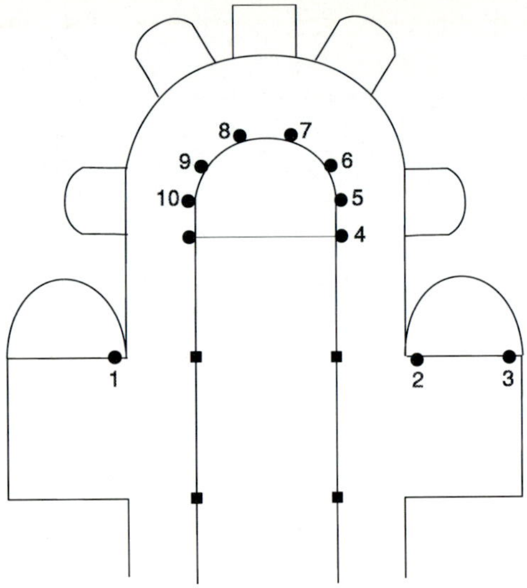

1 - Porteur de mouton
2 - Annonciation
3 - La luxure
5 - La voie douloureuse
7 - Les apparitions du Christ
8 - La Résurrection
10 - La Cène

Parmi les plus célèbres chapiteaux d'Auvergne.

Page 23 : La majesté de la nef et le choeur polychrome de l'église d'Issoire.

Dans la crypte, la châsse de St Austremoine.

- les soldats endormis;

- et, surtout, la représentation de la Cène, où la table drapée ceinturant la corbeille est une véritable trouvaille, les personnages épousant le galbe du chapiteau.

Le petit monde du XIIe siècle leur tient compagnie : les séries des mauvais sont toujours amusantes à regarder, qu'il s'agisse de l'avare, du gourmand, du luxurieux. Ici ou là, il faut peut-être une lecture plus attentive, car le symbolisme est très utilisé en Auvergne. Je prends trois exemples :

- sur un chapiteau, dit du Bon Pasteur, un homme porte un mouton. Mais il tire la langue et plie le genou : il peine pour assumer sa condition d'homme après la chute; tout à côté, d'un masque renversé s'échappent des feuillages, symbole de régénérescence : tout n'est pas perdu avec la Grâce. C'est donc un autre symbole que le bon pasteur;

- le dresseur de singes; c'est un épisode vu dans les foires mais, aussi, il faut penser à l'homme maîtrisant ses instincts;

- des hommes tiennent des végétaux et des pommes de pin : symbole classique de puissance et d'immortalité.

J'aurai l'occasion de donner des exemples dans d'autres églises.

Ne partons pas d'Issoire sans descendre à la crypte, la plus belle d'Auvergne, dont huit colonnes trapues répondent à celles du choeur; sans aussi entrer dans une petite pièce aménagée dans le narthex - une fresque du jugement dernier y est traitée avec beaucoup de verve satirique.

Sous le choeur, la crypte.

Depuis le château de St-Saturnin, l'église montre toutes les caractéristiques de l'architecture auvergnate.

Saint-Saturnin

Saint-Saturnin, à vingt kilomètres au sud de Clermont, est l'un des bourgs les plus pittoresques de la Basse-Auvergne, juché sur un promontoire de la Cheire d'Aydat.

Saint Odilon fonda, en 1040, un prieuré dont l'église devait servir, en même temps, de paroisse au bourg groupé autour du château des La Tour d'Auvergne. Construite sans doute dans la deuxième moitié du XIIe siècle, dédiée au martyr, premier évêque de Toulouse, elle passe ensuite sous l'obédience de l'Abbaye d'Issoire.

Saint-Saturnin possède son clocher d'origine, chose rarissime en Auvergne romane, qui a, donc, pu servir de modèle lors de la reconstruction de beaucoup d'autres.

A l'extérieur, si l'étage des tribunes est agrémenté par un magnifique ensemble d'arcatures et de colonnettes, l'absence de chapelles orientées modifie la progression ascendante jusqu'au clocher, sans l'affadir, grâce aux cordons de billettes, aux modillons à copeaux (rappelant le copeau de bois fait par le rabot) taillés dans la belle arkose blonde mêlée de lave noire.

A l'intérieur, l'absence de narthex contribue à la petite longueur : trente-deux mètres. Mais nous retrouvons la symphonie habituelle : tribunes trilobées, coupole, arcs diaphragmes, choeur limité par six colonnes, surmonté d'une famille de colonnettes; toutes ces parties s'imbriquent comme les instruments d'un orchestre pour créer l'harmonie.

Le choeur possède un maître-autel en bois doré, provenant de la chapelle du château, marqué des initiales d'Henri IV et de Marguerite de Valois.

Un choeur simple mais élégant.

Les arcades du triforium au-dessus des grandes arcades.

Page 27 : Toute la douceur romane de la lumière dans le déambulatoire.

Nef romane caractéristique qui conduit au choeur après le passage du transept.

La crypte, coeur mystique de l'église.

L'ordonnancement classique des cinq églises majeures d'Auvergne où arcatures et fenêtres allègent la masse du massif barlong et du clocher.

Saint-Nectaire

On vient à Saint-Nectaire pour ses eaux thermales réputées, son fromage - délicieux - mais surtout pour son église romane! Si l'on descend de Murol ou en venant d'Issoire, elle se dresse tout d'un coup sur le ciel. Peu d'églises sont ornées d'un cadre aussi vaste. Ses dimensions la placent dans les plus petites des quintuplées mais ses qualités - grandiose, majestueuse - sont telles qu'un auteur l'a appelée «la Sainte chapelle romane».

Saint Nectaire, disciple de saint Pierre, vint prêcher dans toute la contrée et mourir sur le Mont Cornadore. Au XIIe siècle, le Comte d'Auvergne fit don à l'abbaye de la Chaise-Dieu de ce territoire pour bâtir prieuré et église.

Nous avons là un édifice d'une architecture élégante, racée. En faisant le tour de l'église, on constate que là encore le chevet est l'élément le plus accompli dans sa structure en trachyte des Dores. Un cordon de billettes contournant les absidioles, la mosaïque de rosaces sur l'abside, ont suffi pour apporter une richesse supplémentaire.

Le clocher, abattu en 1794, a été rétabli, comme tous les autres, sur le modèle de Saint-Saturnin.

Notons que dans une église romane les masses vues de l'extérieur donnent toujours une idée de la distribution intérieure. Pénétrons dans l'église : c'est un éblouissement. Dès le fond, le narthex, l'un des plus élégants d'Auvergne est orné à la tribune d'une arcature à trois baies.

Dans la nef, les piliers ont fait place ici à de légères colonnes supportant la voûte en plein cintre et les tribunes ajourées. Sur le carré du transept, le passage au plan octogonal du clocher se fait sans heurt, grâce aux trompes déjà en usage chez les Romains.

L'abside et ses décors rappellent les autres églises mais ici la pierre change.

Quant au choeur, il est le lieu vers lequel convergent toutes les lignes de l'architecture. C'est là aussi que se trouvent les plus beaux chapiteaux, parmi les cent trois que comporte l'église et ils sont d'origine!

L'Auvergne est demeurée fidèle au canon des sculptures gallo-romaines : personnages trapus à forte tête et buste court, ce qui ne supprime nullement une vivacité et une imagerie charmante.

Les chapiteaux évoquent (plan ci-joint) la vie, minutieusement contée, de saint Nectaire, la vie publique du Christ, sa passion, sa vie glorieuse. Quelle émotion dans ce Christ portant sa Croix!

Plusieurs se rapportent aux traditions médiévales transmises par les ménestrels :

- un âne musicien;
- des singes enchaînés et le montreur de singes;
- un chevalier en armure évoque la première croisade.

Dans le choeur, également, un saint Baudime, buste-reliquaire de la fin du XIIe siècle terrifie par son regard; par contre la Vierge en majesté dite du Mont Cornadore montre la douceur maternelle de Marie.

Les «plats de reliure» que l'on expose à côté, décorés d'émaux champlevés, appartiennent à l'émaillerie limousine.

Saint-Nectaire est bien l'une des plus attachantes églises d'Auvergne.

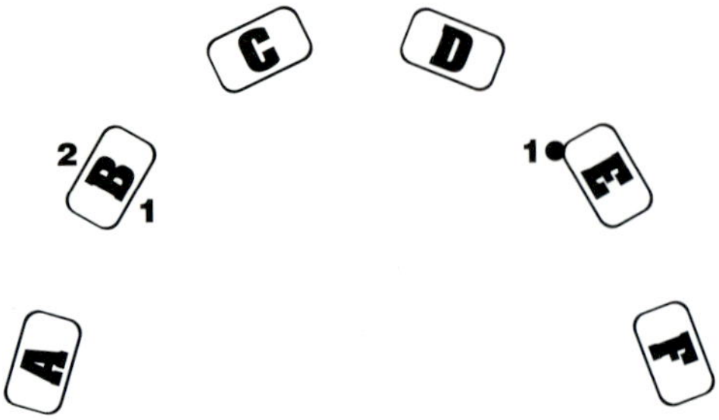

A - La passion du Christ
B - 1 - Transfiguration
2 - Multiplication des pains
C - Vie de St-Nectaire
D - Scènes d'Apocalypse
E - Le jugement dernier
E - 1 - Le Christ-juge
F - Descente aux limbes et Résurrection

Page 31 : Depuis la montagne, à l'est, l'église de St-Nectaire révèle toute l'harmonie de ses volumes.

La crypte.

Thème commun à presque toutes les églises d'Auvergne, le chapiteau de l'avare ou de l'usurier.

Sobriété et élégance des voûtes de la nef comme de la tribune.

Page 32-33 : Merveilleusement blotti au creux de sa vallée, le petit village aux toits d'ardoises d'Orcival forme un écrin pour son joyau, l'église.

Toujours le même plan, mais les tuiles sont des ardoises et la pierre celle de Volvic.

ORCIVAL

C'est par la route de Clermont (distant d'une trentaine de kilomètres) qu'il faut arriver. Au creux de la vallée du Sioulet se blottit le village adorable aux toits de lauze et aux tourelles anciennes, dominé par la masse puissante de sa basilique Notre-Dame. Car la Vierge est ici chez elle : voici huit cents ans que l'on vient «prier la bonne Vierge» d'Orcival, trônant dans le choeur, tenant l'enfant sur les genoux, à l'égal de presque toutes les Vierges de Majesté d'Auvergne.

En bois, chapée d'argent et de vermeil, cette statue du XIIe siècle est sans doute la plus belle, grâce à la souplesse des tuniques, au pathétique des visages au regard perdu au-delà des humains, au somptueux décor d'orfèvrerie.

Rarement église de pèlerinage est à ce point pétrie de silence et de recueillement. La grande fête se situe à l'Ascension, où une foule envahit la localité. Y compris les gitans qui ont inclus Notre-Dame d'Orcival parmi leurs patronnes.

Est-ce à cause d'Elle que l'intérieur de l'église est surprenant de pureté architecturale, de plan rigoureux? Jamais le caractère de l'architecture romane d'Auvergne ne se découvre mieux qu'ici. Il a suffi de quelques variantes dans les dimensions; un peu plus de largeur donnée au sanctuaire et au déambulatoire à berceau annulaire et c'est assez pour que le choeur ait cette ampleur lumineuse qui convient à Marie.

La nef est courte : comment faire autrement avec la montagne que l'on a dû entailler, mais avec laquelle le matériau, l'andésite, pierre volcanique, s'harmonise si bien?

Si l'on n'ajoutait pas quelques oiseaux ou animaux fantastiques, la décoration des chapiteaux serait uniquement à feuillages. Un seul est historié, d'un thème peut-être le plus répandu en Auvergne, celui de l'Avare ou de l'usurier. On le retrouve un peu partout. Ici, il s'agit du supplice de l'usurier que tourmentent deux horribles démons, tandis qu'il refuse de se dessaisir de la bourse qui pend à son cou. Nul doute sur la signification, renforcée par une inscription «Fol dives», «le riche, ce pauvre fou».

Néanmoins, une autre interprétation est proposée par A. et R. Blanc prenant en compte l'histoire complète. Sur la face gauche, un homme tient une sorte de petit sac, devant une table recouverte de pièces. Un gros serpent, mauvais conseiller, s'approche de sa bouche. Il s'agit des biens terrestres.

Sur la face centrale, deux démons s'emparent de l'homme qui s'accroche à une grosse bourse. La scène se passe après le jugement. Comme on n'emporte pas ses biens, la bourse est l'image de l'âme, trésor du chrétien. L'imagier a fait cette bourse beaucoup plus grosse, afin de rappeler quelles sont les vraies valeurs.

La face droite montre les regrets de l'homme. Trop tard!

A l'extérieur, le chevet déploie son étagement sur l'unique place du village, qui permet tout le recul nécessaire.

Une série d'arcatures portées par de grands arcs de décharge orne les façades latérales. A remarquer, sur le pignon du bras du transept sud, une croix décorée de rosaces en pierres noires, blanches et rouges, et près de la porte, des fers et chaînes laissés en ex-voto par des prisonniers délivrés par l'intercession de Marie.

D'une église à l'autre les proportions changent, mais l'harmonie reste.

Le tympan de l'entrée de l'ancien cloître : un abbé de Mozac offre ses hommages à Notre-Dame et à Jésus par l'intercession de saints.

Mozac

L'abbaye Saint-Pierre de Mozac, faubourg de Riom, risque de décevoir à l'extérieur; elle n'a plus que l'ombre de la grandeur que le XIIe siècle lui avait conférée. Mais, à l'intérieur, quelle magnificence! C'est peut-être à Mozac que la sculpture a atteint son apogée dans trois grands chapiteaux déposés et une cinquantaine d'autres dans la nef, sans oublier la châsse de saint Calmin.

Le monastère, fondé à la fin du VIIe siècle par Calmin, comte d'Auvergne et sa femme Namadia, reçut les reliques de saint Austremoine. Ruiné au Xe siècle, affilié à l'ordre de Cluny en 1095, il retrouve sa prospérité et on date l'église de 1131.

Mais il perdra clocher, transept et choeur roman, ce dernier entièrement rebâti au XVe siècle, avec les stalles des moines. La voûte, écroulée, a été reconstruite en 1741.

La porte franchie, on se trouve dans le bas-côté nord, la seule partie romane tout à fait intacte.

Trois chapiteaux, déposés, provenant de l'ancien déambulatoire, suffiraient à parer Mozac de séduction. Deux sont placés au fond de l'église, à hauteur d'homme, superbement présentés grâce à un éclairage judicieux. Le chapiteau de la Résurrection a conservé le canon trapu du corps humain gallo-romain, mais le sculpteur roman commence là à prendre conscience de la valeur propre de l'art et de l'émotion. Qu'admirer le plus,

Jonas dans le ventre de la baleine.

Oiseaux à queue de feuillage.

Les vendangeurs.

Hommes sur boucs affrontés.

1 - Atlantes
2 - Résurrection
3 et 11 - Centaures
4 et 13 - Singe cordé
6 - 7 - 8 - Oiseaux à queue de feuillage
9 - Griffons et calice
10 - 14 - Hommes sur boucs
15 - Tobie et Samson
16 - Chap. des vents
17 - Chap. des vendangeurs

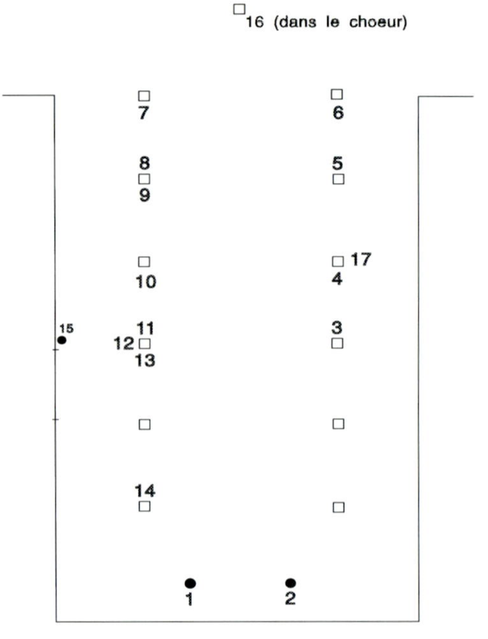

Griffons et Calice.

l'ange annonciateur aux ailes déployées, le soldat endormi - profondément - ou surtout les visages des Saintes Femmes trouvant le tombeau vide, tenant dans leurs mains des vases de parfum. La plus belle, au milieu, est Marie-Madeleine. Nous avons sans doute là le chef-d'oeuvre de la sculpture romane d'Auvergne.

Le chapiteau, dit des Atlantes, n'est pas moins séduisant. Ceux que l'on a ainsi appelés sont placés, agenouillés et nus, aux quatre angles de la corbeille. Osons une interprétation : outre leur fonction de soutien du pilier, donc de l'Eglise, ils cueillent les grappes, images de la nourriture eucharistique, pieds et mains se détachant sur un feuillage qui pourrait être celui de l'Arbre de vie, l'Eucharistie devant être le soutien de toute vie intérieure.

On remarque la stylisation des coiffures qui se retrouve dans d'autres sculptures.

Mais une surprise nous attend dans le choeur : un troisième chapiteau de même provenance, trouvé dans un mur en 1983 par monsieur l'abbé Granet, curé de Mozac, au cours de travaux. Son sujet : les quatre anges de l'Apocalypse de saint Jean, qui ferment la bouche de quatre personnages personnifiant les Vents - sujet original et unique en Auvergne.

Les autres chapiteaux (voir le plan) ne sont pas négligeables : le bestiaire de Mozac occupe une place à part dans la sculpture romane par l'exploitation des thèmes fantastiques.

La merveilleuse châsse de saint Calmin mérite la présentation qui en est faite : bien éclairée, sur un socle tournant. Ce chef-d'oeuvre de l'émaillerie limousine, en émail

«Les saintes femmes se rendant au sépulcre» et «le tombeau» : deux des faces du chapiteau de la Résurrection, chef-d'oeuvre et aboutissement de la sculpture romane d'Auvergne.

Chapiteau des atlantes.

Chapiteau des vents.

Châsse de St Calmin.

champlevé, est daté de 1168. On reconnaît le Christ en Croix et en gloire, entouré des Apôtres sur une face, sur l'autre des épisodes de la vie de saint Calmin et de son épouse Namadia; sur les pignons, la Vierge et saint Austremoine. Les couleurs sont somptueuses, en particulier le bleu, couleur dominante. Une autre châsse, en bois peint, renferme les reliques de saint Austremoine.

Enfin, au-dessus de la porte du bras sud du transept (qui introduisait dans le cloître) subsiste un linteau triangulaire en bâtière, forme symbolisant à la fois le ciel et la terre. On y rencontre la Vierge portant son Fils entre ses genoux, saint Pierre, saint Jean puis saint Austremoine présentant l'Abbé de Mozac prosterné.

De Mozac, faites un saut à Marsat; une belle Vierge romane à l'enfant vous y attend depuis la deuxième moitié du XIIe siècle. Mais elle a été dorée et les visages noircis seulement vers 1830.

Depuis le pont sur l'Allier...

Pont-du-Château

Du pont sur l'Allier, en venant de Lezoux, on voit se profiler l'église Sainte-Martine, fort bien située sur un éperon qui domine le fleuve.

Malgré de nombreux remaniements, elle reste intéressante par son narthex, avec tribune, de la deuxième moitié du XIIe siècle. La croisée du transept et le chevet hémicycle construit en style roman au début du XIIIe siècle montrent bien que l'Auvergne a longtemps été sourde aux sirènes gothiques.

Une vaste restauration est en cours.

De magnifiques chapiteaux à feuillages ou historiés sont plaisants malgré un art plutôt rude :

- un homme vêtu, porte une lance dont la flèche est dirigée vers le ciel, direction qu'il compte prendre. De l'autre main, il tient la bride d'un cheval : il domine ses instincts. Cependant, un bras sort du mur de l'église et la main le tire par sa barbe : c'est un rappel; il est toujours un homme de la chute;

- le doute de saint Joseph;

- une figure humaine tirant la langue. En dessous, un ballot : thème du fardeau que nous avons tous à porter.

Etranges chapiteaux polychromes de l'église de Pont-du-Château.

A travers les vitraux, le soleil colore le chapiteau de la multiplication des pains où se comptent curieusement tous les pieds des personnages.

CHAURIAT

Situé à l'est de Clermont, ce village n'est pas sur une grande route. Pourtant il mérite un détour, car son église Saint-Julien, par son importance, reste affiliée aux grands édifices précédents.

On est surpris par l'importance de la décoration extérieure, restaurée au XIXe siècle. L'élément le plus brillant est sans doute le pignon du bras du transept mais aussi le mur latéral, couvert par une harmonie de mosaïques, polychromie admirable due à la blondeur de l'arkose, aux ocres foncés ou bruns rouges des tufs volcaniques, aux laves noires. Rosaces à huit branches, losanges, carrés, s'encadrent dans une série de motifs dont l'ensemble n'est pas sans rappeler l'Orient.

Un prieuré fut fondé à Chauriat vers 1015 par Etienne, évêque de Clermont. Si la voûte a été refaite, le transept de la fin du XIIe siècle est parvenu intact : c'est la plus belle partie de l'église. Les grandes arcades de la nef sont portées là par des colonnes comme à Saint-Nectaire.

Le sanctuaire, constitué par les travées droites du choeur et les bas-côtés, se termine par un chevet plat à trois pans. Abside, déambulatoire, absidioles existaient-ils à l'origine? Sans doute.

Plusieurs chapiteaux sont intéressants. L'un d'eux réunit les symboles de la sottise et de la luxure : l'âne qui joue de la harpe et l'homme à cheval sur un bouc. Sur un autre, lavement des pieds et multiplication des pains se succèdent autour de la colonne. Citons encore un aigle vainqueur du serpent. Ici ou là, nudité, langue tirée et barbe représentant l'homme après la chute. Dans le choeur, la Vierge romane de Chauriat siège sur un bel autel de bois sculpté du XVIIIe siècle...

N.B. Ne pas quitter Chauriat sans voir l'église Sainte-Marie du XIIe siècle, actuellement transformée en chais, mais qui possède encore des parties carolingiennes.

Porche original et portail d'époque.

La nef depuis le choeur.

L'aigle vainqueur du serpent.

Page 45 : La profusion des décors en mosaïque.

BAR LE CENT

A Thuret, d'une facture particulière, l'un des rares tympans d'Auvergne représente le Christ en gloire entre les archanges Michel et Gabriel.

Les chapiteaux archaïsants (XIe?) de l'église de Thuret à proximité de la châsse du saint patron local, saint Bénilde.

Depuis la route, le superbe étagement de la façade est.

THURET

L'église Saint-Limin, bâtie aux XIe et XIIe siècles, a vu les voûtes de sa nef surélevées et reconstruites au XVe siècle. A-t-on rajouté les fenêtres hautes? Fait rare en Auvergne, l'éclairage direct de la nef centrale existait peut-être à Thuret.

Ce qui surprend, c'est la sculpture parfois un peu fruste mais de facture originale, en faible relief, qui en fait un édifice à part en Limagne.

Au linteau, en bâtière du portail sud, le Christ en majesté s'inscrit dans une mandorle soutenue par deux archanges, Michel et Gabriel, aux bras démesurés, dont les plis des tuniques sont suggérés par des cercles concentriques.

L'harmonie du choeur est due aux délicates proportions de l'arcature. Trois absides s'ouvrent directement sur le transept.

Les chapiteaux sont plus archaïsants mais leurs thèmes appartiennent au fond commun de la province :

- personnage simiesque, corde au cou - l'homme enchaîné à son péché;
- Adam, Eve, le pommier et le serpent, très stylisés!;
- griffons au calice;
- le pseudo Bon Pasteur;
- un personnage, bras levés, soutien de l'église; un néophyte s'accroche à lui.

Citons un détail de petite histoire, rapportée par B. Craplet :

Un prieur de Thuret au XIVe siècle hébergea un jour, dans son monastère, un moine de la Chaise-Dieu qui avait été dévalisé par des brigands. Celui-ci, issu d'une illustre famille lui dit en le quittant : «*Je vous remercierai quand je serai pape*». Ce qui advint : le pape Clément VI n'oublia pas son bienfaiteur qui devint archevêque de Toulouse.

Artonne :

Un des chapiteaux de la salle capitulaire.

Le déambulatoire aux curieux culots de voûtes.

Colonne romaine de réemploi en provenance d'une ancienne église mérovingienne.

L'église telle qu'on la découvre en haut du village.

Artonne

La nef de l'ancienne collégiale Saint-Martin, bien que très remaniée, s'impose par ses vastes dimensions. Certaines parties (nefs) sont antérieurs à 1048, date de fondation du chapitre, la voûte de la grande nef ayant été construite à la fin du XIIe siècle, en berceau brisé sur doubleau, et les collatéraux en demi-berceau, usage courant en Auvergne. On est frappé par la robustesse des piliers carrés.

Le déambulatoire et trois chapelles rayonnantes carrées, adjonctions de la fin du XIe ou début du XIIe siècle, conduisent à un vaste chevet.

Autour du choeur, entre les huit colonnes, les grilles en fer forgé sont contemporaines de l'église.

De l'ancien monastère subsiste une salle capitulaire de l'époque romane, mais très restaurée.

A l'extérieur, des colonnes cannelées, empruntées à un édifice romain, sont des réemplois d'une église mérovingienne, et les lauzes ont été gardées pour la couverture.

Cournon d'Auvergne :

Le déambulatoire et une partie du choeur aux arcades surhaussées.

Grandes arcades et galerie.

L'étrange massif barlong où s'élevait jadis un clocher.

L'ensemble de l'église avec ses parties romanes et celles du XIXe siècle à l'avant.

Cournon-d'Auvergne

L'église Saint-Martin, ancienne collégiale au XIIe siècle, fut un édifice important de l'art roman auvergnat (avec 38 mètres de longueur, aussi long que Notre-Dame-du-Port). Malgré l'écroulement d'une grande partie de l'église, elle a gardé de son intérêt dans la nef de quatre travées avec bas-côtés surmontés de tribunes, et le choeur.

Les grandes arcades sont presque découpées dans le mur intérieur de la nef, aux piliers élancés. Coupoles et voûtes des bas-côtés sont enfermées à l'extérieur dans le massif barlong, non surmonté du clocher traditionnel.

Le rond-point du sanctuaire est très harmonieux avec ses six colonnes reliées par des arcades surhaussées. Le reste a été reconstruit au XIXe siècle.

Ennezat :

L'ensemble des trois très étroites nefs, l'un des plus beaux aspects de l'architecture romane d'Auvergne et l'un des plus anciens (XIe).

Encore et toujours le thème de l'avare, la bourse autour du cou, entraîné en enfer par les démons.

Ensemble classique du clocher et du massif barlong, faussé par la partie gothique ajoutée.

Ennezat

A 9 km à l'est de Riom, l'église Saint-Victor et Sainte-Couronne d'Ennezat est une ancienne collégiale dont le chapitre fut fondé par Guillaume VI d'Aquitaine.

Seuls le transept saillant et les trois nefs (1061 à 1078) subsistent de la construction romane, l'une des plus anciennes de la région. Ces trois nefs, étroites, bien proportionnées, sont parmi les plus saisissantes créations de cet art et l'intérieur possédait déjà la structure des églises romanes du siècle suivant : tribunes, voûte en berceau sans doubleau sur la grande nef, voûtes d'arêtes sur les nefs latérales, piliers carrés munis de trois colonnes engagées, arcs diaphragmes ajourés de baies, narthex aux larges et élégantes ouvertures à l'étage. Nous avons là un jalon capital de l'histoire de l'art roman d'Auvergne, avec déjà trois arcs, dont un mitré, au fond des bras du transept.

Les chapiteaux sont de facture sobre, souvent corinthiens à feuilles d'acanthes. L'un est typiquement auvergnat : le supplice de l'avare. Un démon s'applique à transcrire sur une banderole une phrase explicite : «Quand tu as pratiqué l'usure, tu as fait mes oeuvres».

De l'extérieur, on peut saisir l'ampleur du chevet gothique du XIIIe siècle.

Maringues

Cette ancienne priorale Notre-Dame, église d'un ancien prieuré de la Chaise-Dieu fondé au XIe siècle, a été l'objet de beaucoup de remaniements : les trois nefs sont gothiques!

Le plus intéressant est le choeur, où l'on retrouve le beau plan des chevets romans d'Auvergne.

Contrairement à la règle, pour une église dédiée à la Vierge, il y avait trois chapelles rayonnantes. Il en reste deux.

Certains pensent que l'église fut consacrée au début à saint Etienne. La chapelle a-t-elle donc été construite?

La surélévation considérable des grandes arcades du choeur donne, dès l'entrée, une sensation d'élégance.

Les chapiteaux du déambulatoire, du XIIe siècle, offrent quelques sujets de prédilection de la sculpture romane :

- supplice de l'usurier;
- anges évangélistes;
- minotaures;
- homme-singe la corde au cou;
- un chapiteau semble présenter côté choeur, trois expressions du Christ.

Toujours le singe cordé, symbole de l'homme prisonnier de son pêché.

Les trois expressions du Christ.

Page 55 : Le choeur de l'église de Maringues aux arcatures très surhaussées.

Volvic :

Les «trompes», déjà en vigueur chez les romains, permettent de passer du carré du transept à l'octogone de la tour.

Culot de voûte amusant en forme de tête.

Chapiteau des anges évangélistes.

Le chapiteau du donateur Guillaume de Bezac.

Superbe étagement de l'abside et des chapelles. Le chevet a été restauré car il avait été fortifié à la fin du Moyen Age.

VOLVIC

Il ne reste de l'église Saint-Priest, construite à la fin du XIe siècle, qu'une partie du transept et le chevet, construits en arkose (la pierre de Volvic, dure, ne pouvait être travaillée à l'époque romane; elle le sera pour la cathédrale de Clermont-Ferrand).

Dès l'arrivée, il faut entrer dans le petit jardin pour admirer l'ordonnance de ce chevet.

La nef et la façade ont été reconstruites en 1868.

Le choeur, assez vaste, avec déambulatoire et trois chapelles rayonnantes, présente une particularité : deux travées droites précèdent l'hémicycle, ce qui ne se rencontre nulle part ailleurs, et seulement quatre colonnes dessinent le rond-point.

Quelques chapiteaux offrent de l'intérêt :

- l'évêque saint Priest, évêque de Clermont au VIIe siècle et le symbole de ses vertus : la balance (justice), le bouclier (tempérance), livre et doigt en Y (force reçue de Dieu pour les choix de la Vie);

- le chapiteau des quatre anges, symbolisant les Evangélistes, s'apparente à celui originaire de Mozac et qui se trouve dans un musée de Londres. Ils esquissent une danse pour annoncer la bonne nouvelle et les phylactères portent leur nom;

- une scène de l'offrande de l'église de Volvic.

Une châsse sous l'autel contient une épée; peut-être celle du martyre de l'évêque.

Avant de quitter l'église, ne pas oublier d'admirer la grille romane qui ferme la chapelle Saint-Priest.

Un des centaures.

Une des miséricordes «sérieuses» des stalles : les moines au lutrin.

Chapiteau de Saint André et beau chapiteau de feuillages.

Besse-en-Chandesse

Village le plus au sud-ouest de notre périple, Besse-en-Chandesse vous ravira. Cette petite ville médiévale, à 1 000 mètres d'altitude, fut, au Moyen-Age, un fief des La Tour d'Auvergne, de Catherine de Médicis et de sa fille, la célèbre reine Margot.

Cette cité a conservé elle aussi les trois nefs de son église romane, dont les colonnes massives supportent la voûte en berceau.

Parmi les 28 chapiteaux, sculptés dans la lave grise, ceux à feuillage et entrelacs sont parmi les plus beaux d'Auvergne. On y retrouve encore un thème favori de cette province : l'homme-singe tenu en laisse (l'homme livré à ses instincts et captif de son péché?), mais aussi un homme attaché sur une croix (saint André, patron de l'église?), un homme porteur d'animal, qui est ici un bovin et encore la parabole de Lazare et du mauvais riche qui se développe sur quatre faces. Enfin, la damnation de l'ivrogne (il y a un tonneau sous son lit), dont l'âme, représentée par un jeune enfant, est entraînée en enfer par trois diables.

Au fond du choeur, trône Notre-Dame-de-Vassivières, que l'on emmène prendre l'air les mois d'été, en procession, et dont la descente en septembre (la Dévalade) n'est pas moins folklorique.

Les stalles ont échappé aux destructions. Une verve dans l'esprit du Moyen-Age préside à la sculpture des «miséricordes» : cordier, maréchal-ferrant, menuisier, etc...

Chapiteau de la sirène.

Glaine Montaigut

Proche de Billom, l'ancienne priorale Saint-Jean mérite une visite. Elevée en deux campagnes dont la première, nef et transept, se situe en un temps (début du XIe siècle) où l'art roman s'élabore; la seconde, cent ans plus tard, monte le choeur et l'abside. L'extérieur du chevet, séduit par les teintes chaudes de la belle arkose.

Le berceau de la grande nef s'élève assez haut pour que des fenêtres aient pu être ouvertes par-dessus les bas-côtés, solution, on l'a vu, qui a été très rarement conservée en Auvergne.

Quelques caractéristiques : un transept non débordant, des piliers d'allure archaïsante, une coupole sur trompes et les arcs-diaphragmes.

Nef et transept, dépourvus de décoration, présentent rudesse et pureté de volumes; dans le choeur, les nombreux chapiteaux sculptés avec aisance dans un style vigoureux reprennent les thèmes classiques, avec prédilection pour les êtres fabuleux : sirènes, centaures, atlantes.

Dommage : un enduit recouvre les murs intérieurs mais une réhabilitation proche leur redonnera l'aspect originel.

Chapiteau des atlantes.

Page 61 : Le magnifique damier d'arkose de l'abside.

L'église renovée étale ses magnifiques lauzes claires et montre la voûte polylobée de son portail.

Saint-Myon

L'église Saint-Médulphe, imitation rustique des grandes églises majeures, offre de l'intérêt, malgré ses dimensions modestes, car elle adopte le plan des grandes églises à déambulatoire, mais le choeur est la seule partie rescapée des XIe et XIIe siècles.

C'est là que nous trouvons quelques chapiteaux intéressants dont un étrange pacte avec le diable.

Comme elle est charmante avec son joli toit de Lauzes dont le maintien a été obtenu par Monsieur le Curé et les habitants lors des restaurations en cours.

Pour finir

La sélection d'églises présentée ici est loin d'être exhaustive. Certaines, comme Billom, Bulhon, Culhat, Combronde, Chamalières, Royat, Jonas, Mailhat, Manglieu, St-Dier auraient mérité de figurer dans cet ouvrage, mais le but de la collection est de présenter un ensemble cohérent, sélectionné pour des raisons techniques ou pratiques et qui permet de brosser un tableau assez complet du sujet traité. D'autres auraient dû être illustrées davantage, mais, soit des refus abusifs de prise de vues, soit des travaux de restauration en cours ont contrarié ces projets.

A ce propos, rendons hommage au savoir-faire des tailleurs de pierre, sculpteurs, maçons, etc, de sociétés comme l'entreprise Comte de Champdieu ou d'autres qui, dans la tradition des compagnons bâtisseurs, restaurent avec art ces monuments.

L'étude technique, l'analyse architectonique que nous avons faite, si précieuse qu'elle soit, ne doit pas occulter la finalité d'une église, surtout romane, édifiée en des siècles de grande et fervente croyance : retrouver Dieu.

Toutes ces églises portent un très haut message d'art mais aussi de spiritualité. Pour tous ces architectes, ces sculpteurs, il n'y avait pas d'abord l'art, mais la vérité. «*Ils ne demandaient pas à un Crucifix d'être plus beau qu'un autre, mais d'être davantage le Christ*», disait Malraux, «*Et la beauté suivait*».

L'art roman, peut-être plus encore en Auvergne, est un art humain : il s'adresse à nous, il est à notre mesure d'homme, il parle notre langue.

Voilà, dans toute sa pureté, la pensée créatrice romane.

Sur le chantier de restauration d'Issoire, un sculpteur en plein travail.

Bibliographie

Cathédrales et abbatiales romanes de France : M. Aubert, S. Goubet - Arthaud 1965.

Nouvelles clés pour l'art roman : A. et R. Blanc - Dervy-Livre 1987.

L'Auvergne romane : B. Craplet - Zodiaque 1961.

Eglises de France : B. Craplet - Laffont 1966.

Les Vierges noires : S. Cassagnes-Brouquet - Ed. du Rouergue 1990.

Table des Matieres

Achevé d'imprimer juillet 1994
Dépôt légal 3e trimestre 1994
IMPRIME EN FRANCE
Impression : Alp'Impression, 74370 Saint-Martin-Bellevue
Photogravure : Pays d'Oc, 30140 Anduze